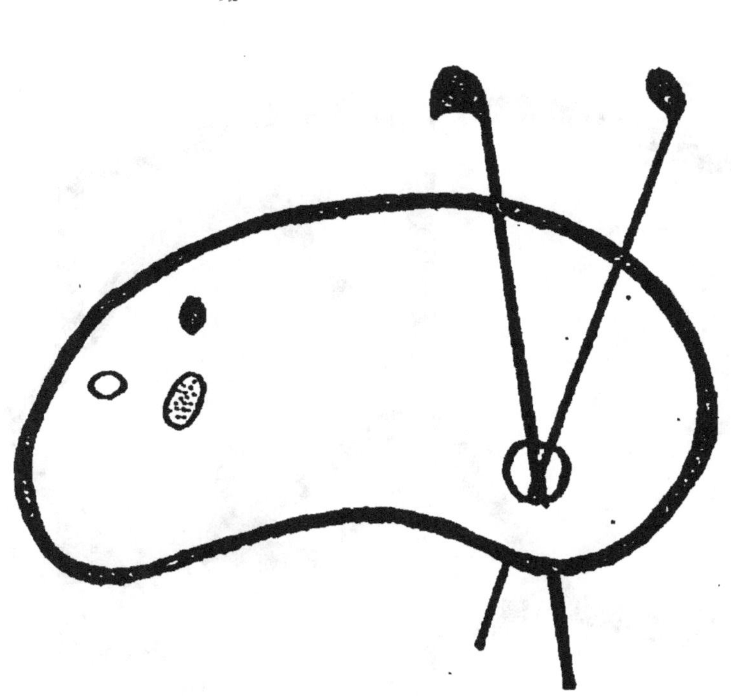

DEBUT D'UNE SERIE DE DOCUMENTS
EN COULEUR

Couverture inférieure manquante

RELIGION ET PATRIE

DEUX ALLOCUTIONS

PRONONCÉES

à la Synagogue de la rue de la Victoire

PAR

M. ZADOC KAHN

Grand Rabbin.

NOVEMBRE 1892

Se vend au profit de l'œuvre du Souvenir français.

PARIS

ANCIENNE MAISON QUANTIN

LIBRAIRIES-IMPRIMERIES RÉUNIES

MAY et MOTTEROZ, DIRECTEUR

7, rue Saint-Benoît.

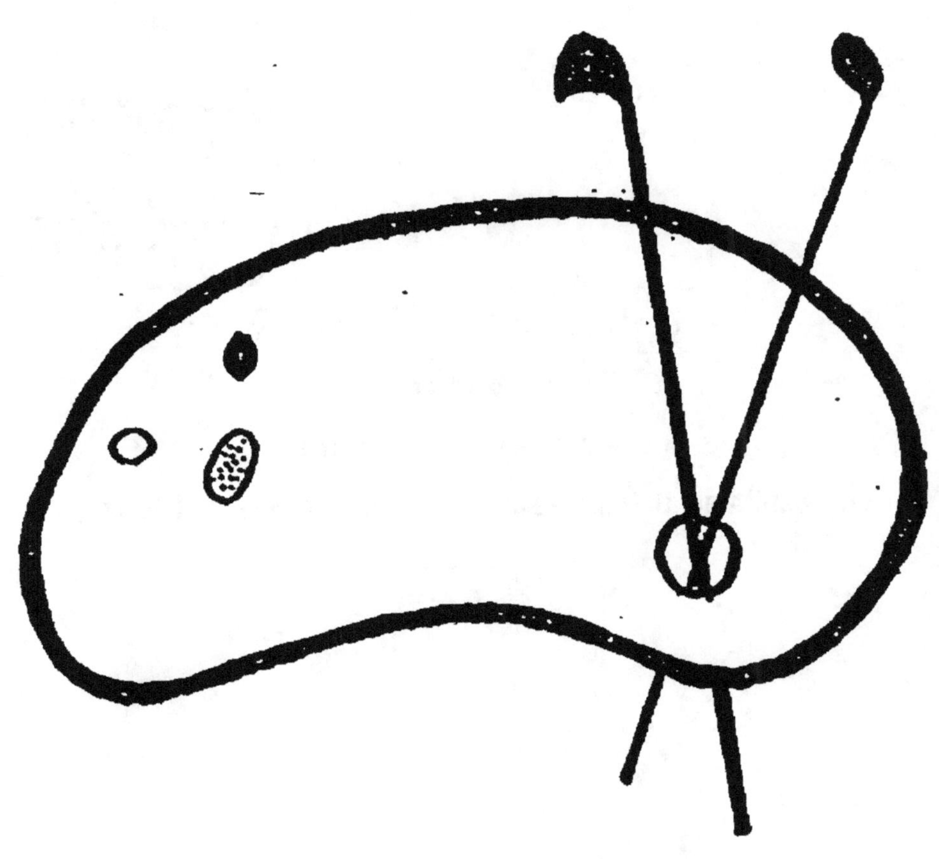

**FIN D'UNE SERIE DE DOCUMENTS
EN COULEUR**

ALLOCUTION

PRONONCÉE

AU SERVICE FUNÈBRE

du Capitaine Crémieu-Foa et du Lieutenant Valabrègue

———

Mes Frères,

Lorsque la nouvelle de la mort du capitaine Crémieu-Foa et du lieutenant Valabrègue fut connue dans notre Communauté, le désir s'est manifesté de toutes parts qu'une cérémonie funèbre fût célébrée à leur intention. De nombreuses lettres me sont arrivées, m'apportant l'expression touchante de ce désir si naturel et si légitime. Les chefs de notre culte n'ont pas hésité à y faire droit. Rien ne pouvait mieux répondre à leurs propres sentiments. Nous avons pensé que nous avions une dette sacrée à payer à la mémoire de ceux des nôtres qui ont donné leur vie pour la patrie, que nous leur devions l'hommage de nos regrets et de nos prières, et qu'il convenait de nous associer publiquement au deuil de leur famille. Votre présence dans cette enceinte, mes frères, votre attitude recueillie prouvent que nous étions en communauté de pensées et de volonté avec vous, en organisant ce service religieux.

Pendant de longues semaines nous avons suivi, mes frères, avec une vive anxiété et une émotion croissante, la marche de notre corps expéditionnaire sur ces rivages lointains, dont le nom n'était guère connu que par des usages barbares, objet d'horreur pour les nations civilisées, et qui sera désormais célèbre dans nos fastes militaires; où chaque pas en avant exigeait de notre petite armée un combat, et où chaque combat était une victoire. Nous admirions, en lisant ces sobres dépêches, d'une simplicité antique, qui se faisaient parfois trop attendre au gré de notre impatience, les difficultés vaincues, les fatigues sans nombre supportées avec une héroïque endurance, l'habileté et l'énergie du commandement supérieur, ne laissant rien au hasard, la froide indifférence de nos enfants devant le danger, leur mépris stoïque de la mort, leur courage renversant l'un après l'autre tous les obstacles qui se dressaient devant eux, triomphant d'adversaires résolus et terminant glorieusement une

campagne difficile, laborieuse, où se trouvait
engagé l'honneur de notre pays. Ces vertus ne
nous surprennent pas de la part de nos soldats
et des chefs qui les conduisaient au combat :
la France aime à se reconnaître dans cette
miniature d'armée qui reproduit l'image fidèle
de l'ensemble de notre armée; elle se sent
fière d'avoir pu donner ce spectacle au monde
attentif et lui arracher ce cri d'admiration :
« La vieille France existe encore, la France
est restée digne d'elle-même ! »

Hélas ! mes frères, la guerre même heu-
reuse fait des victimes; les victoires les plus
brillantes demandent leur rançon. Rien de
beau, rien de grand ne s'accomplit dans l'humanité qu'au prix de sacrifices. Le devoir d'une
grande nation, soucieuse de sa dignité, gar-
dienne jalouse de ses droits, est gros de dou-
loureuses immolations. Aussi des larmes se
mêlent nécessairement à la joie du triomphe :
la patrie regrette un trop grand nombre des
siens, morts pour elle et loin d'elle; au milieu
de la satisfaction que lui donne une victoire
chaudement disputée, elle porte le deuil de
tous ces vaillants officiers, de tous ces modestes

soldats qui ont succombé aux coups de l'ennemi et, chose plus cruelle encore, aux atteintes
meurtrières de la maladie.

Mais les deuils publics, mes frères, sont
faits avant tout de deuils privés. Que de familles particulières frappées plus directement
dans la grande famille française! Nous nous
représentons facilement en imagination ce
qu'ont éprouvé ces pauvres parents de Car-
pentras qui, après avoir vu partir, plein d'es-
poir et de confiance, un fils de vingt-quatre
ans, encore au début d'une carrière s'annon-
çant brillante, ont appris tout d'un coup que
ce fils tendrement aimé ne reviendrait plus.
Ah! que l'expression de notre sympathie aille
jusqu'à eux et qu'ils soient assurés qu'il y a ici
bien des cœurs compatissants pour comprendre
et partager leurs regrets! Mais plus près de
nous, nous avons pu voir les angoisses d'une
mère, sachant que son fils est partout où guette
le danger, qu'atteint d'une blessure, il ne peut
se résigner à quitter son poste, et qui attend
des nouvelles tout en tremblant d'en recevoir;
nous avons pu voir sa douleur quand ses tristes
pressentiments furent confirmés, quand la

mort avait fait son œuvre : « Ah ! le cher enfant, le pauvre enfant, disait-elle, c'est donc vrai ! Il m'est enlevé pour toujours, lui qui était la joie de la maison, qui était si plein d'entrain, de bonne humeur, de vie, brave jusqu'à la témérité, incapable de souffrir un affront; lui, l'excellent cœur, l'esprit alerte, le modèle du soldat, le cavalier accompli, si aimant pour les siens, si fier de l'arme à laquelle il appartenait et si absolument dévoué à son devoir, à son drapeau, à son pays. Dieu m'a durement frappée ! » Mes frères, de telles douleurs se sentent, mais elles ne se décrivent pas.

Je me ferais scrupule cependant de trop m'apitoyer sur le sort de nos braves qui sont devenus les élus de la mort, et je craindrais de froisser les sentiments de ceux qui les pleurent le plus amèrement. Mme Crémieu-Foa, au plus fort de son désespoir de mère, a prononcé elle-même cette parole qui convient si bien à une femme française : « En le destinant à l'armée, je savais bien que je le donnais à la France. Dès son enfance, je lui racontais la fin de notre parent Franchetti, mort au champ d'honneur : il a fait comme

Franchetti. » C'est ainsi que parlait la pieuse Anna lorsqu'elle se sépara à jamais du fils que Dieu avait accordé à ses prières. « C'est pour cet enfant que j'ai prié : Dieu a daigné agréer ma demande. Aussi je le consacre à son service, et toute sa vie il appartiendra au Seigneur. » Nos enfants, mes frères, appartiennent à la France, et nous n'avons pas le droit de lui demander compte de ses volontés suprêmes. Quand elle appelle, il faut accourir à sa voix; quand elle commande, il faut obéir : voilà le devoir, et ce n'est pas un mince honneur de remplir ce devoir dans toute son étendue.

Mes frères, ce vieux livre du judaïsme, si souvent dénigré par des gens qui seraient incapables d'en déchiffrer une ligne, ce livre où, depuis des siècles, nous puisons non des sentiments de haine et de mépris pour nos semblables, ni des règles d'une morale complaisante, mais, au contraire, je l'affirme du haut de cette chaire de vérité, avec toute la force d'une conviction éclairée, l'amour le plus pur de l'humanité et le sentiment énergique de tous les devoirs de la vie, ce livre a dit : מיתה מכפרת. « La mort efface les faiblesses et rachète les fautes. » Elle fait plus encore : elle consacre la vertu, elle est le triomphe du courage, de l'abnégation et du patriotisme. Pour le soldat, et aujourd'hui comme aux temps antiques de la nationalité juive, tout le monde est soldat, la mort devant l'ennemi est le devoir accompli, la gloire conquise, la patrie honorée et sanctifiée.

La religion va plus loin : elle ne s'arrête pas aux choses de la terre, qui sont toujours imparfaites et bornées. Aux parents éplorés, aux mères meurtries par le coup le plus terrible, elle entr'ouvre le ciel. Dieu est la récompense des âmes nobles et désintéressées qui se sont sacrifiées pour une grande idée. Qu'importe que les restes mortels de nos soldats, victimes de luttes sanglantes, reposent sur une terre lointaine ! Nous avons une patrie céleste vers laquelle s'élève de tous les points du globe l'échelle sublime entrevue par Jacob. Qu'importe même le jeune âge de ceux qui sont morts de bonne heure pour rendre la patrie victorieuse et avec qui s'anéantit la promesse d'un long avenir de dévouement et d'utiles services ! יש קונה עולמו בשעה אחת .- « Il en est, dit encore le Talmud, qui accomplissent leur destinée en un jour », qui s'assurent d'un coup des titres à l'immortalité. En connaissez-vous à qui s'applique mieux cette parole consolante que le jeune héros dont la mort équivaut à la vie 'a plus longue et la mieux remplie ?

Mes frères, il y a là un encouragement pour les soldats qui combattent comme pour les parents qui pleurent ; il y a là aussi une leçon précieuse pour tous ceux qui se réclament du nom de Français. Nous nous devons à nous-mêmes d'exprimer cette leçon avec toute la clarté possible, car la religion a mission de prêcher aux hommes assemblés la sainte loi du devoir et la grandeur morale du sacrifice. Or, quoi de plus instructif que la cérémonie qui nous réunit et l'exemple des morts que nous sommes venus honorer ? Apprenons d'eux à ne pas marchander avec la patrie et à lui offrir notre vie en holocauste lorsqu'elle est obligée de la réclamer. Quand on n'est pas décidé à aller jusque-là, on ne sait pas ce que c'est que le dévouement et le patriotisme. Ah ! qu'ils rentrent donc en eux-mêmes ceux qui, égarés par de lamentables

sophismes, renient l'idée de patrie et osent
s'écrier dans leur fol aveuglement : « A bas
la patrie ! » En voyant les sacrifices que la
patrie obtient de ceux qui l'aiment, peut-être
rougiront-ils de leur blasphème et se jette-
ront-ils repentants entre les bras de la mère
qu'ils trahissaient en paroles. Notre époque a
mis en question bien des vérités jadis univer-
sellement reconnues. Qu'elle respecte du moins
ce devoir élémentaire, qui apparaît lumineux
aux âmes les plus simples ! S'insurger contre
l'idée de patrie, c'est commettre un parricide.

Une autre leçon ressort de cette cérémonie funèbre qui assemble dans un commun
sentiment de pitié, de douleur et aussi de
fierté patriotique des Français de toutes les
opinions, de tous les cultes, leçon qui a été
hautement proclamée ces jours-ci avec autant
d'élévation dans la pensée que de noblesse
dans le langage : c'est que les fils d'une même
nation, qui combattent côte à côte à l'heure
des grands sacrifices, qui défendent avec la
même ardeur et le même héroïsme les intérêts ou l'honneur du pays, ont le devoir de se
considérer, de s'aimer, de se respecter comme

les enfants d'une seule famille. Voilà plus d'un siècle que le sang des uns et des autres se confond sur les champs de bataille; les balles de l'ennemi, a-t-on dit éloquemment, ne font aucune différence entre ceux qui se rattachent à des doctrines, à des confessions différentes. Au-dessus de toutes les distinctions de fortune, de rang, de croyances et d'origine, il y a l'unité sacrée de la patrie, le culte du drapeau, qui doit opérer la fusion des âmes et des volontés. De quel droit chercherait-on à séparer ce qui est uni par la nature même des choses ? Ah ! mes frères, la triste et odieuse besogne que celle d'aller, avec des paroles de haine, quelquefois par simple légèreté et irréflexion, diviser des cœurs qui pourraient et devraient être unis par des liens fraternels et susciter de bruyantes discordes dont la patrie est la première à souffrir !

Mais je ne voudrais pas vous laisser, mes frères, sous l'impression de ces affligeantes pensées. Après tout, la France n'est pas là où respire la haine, où on se menace et se défie les uns les autres, où l'on fait bon marché de la réputation de ses concitoyens comme si le bon renom de la France ne se composait pas, du bon renom de chacun des Français; elle est là où on a le sentiment de ce qui est droit, vrai, juste et équitable, où l'on travaille, où l'on pense, où l'on fait avancer l'œuvre de la civilisation, du progrès moral et social, où l'on évite avec soin tout ce qui peut nuire à la considération de la patrie commune; elle est avec l'élite des cœurs et des esprits qui n'ont qu'un désir et une pensée : servir les grands intérêts du pays. Elle est surtout avec ces braves soldats qui montent la garde à nos frontières, qui veillent au maintien de l'ordre public; elle est avec ces héros qui se montrent dignes de leurs devanciers, les glorieux ouvriers de notre grandeur nationale; qui, à travers mille difficultés, combattent un contre dix soit au Tonkin, soit au Dahomey, exposés aux intempéries, aux ravages de la fièvre, au feu de l'ennemi, sans éprouver un moment de défaillance, et sacrifient leur vie simplement comme un bien qui appartient à leur pays. Honneur à eux, honneur aux chefs comme aux soldats! Quant à ceux qui ont succombé, les Crémieu-Foa, les Valabrègue, les

Oppenheim, tous ces morts glorieux dont les noms, transmis par les bulletins de victoire, ont fait battre nos cœurs de douleur et d'orgueil, donnons-leur un souvenir ému, entourons leur mémoire de notre reconnaissance durable, et surtout prions pour eux et pour ceux qui les pleurent.

PRIÈRE

Dieu bon et clément, ô toi qui te plais à t'appeler le père de tous les hommes et qui partages entre eux, sans faire de distinction, ton amour et tes bienfaits, daigne agréer la prière ardente que nous t'adressons en faveur des enfants de la France, qui sont morts de la mort des braves pour le service de leur pays; en faveur du capitaine André Crémieu-Foa, du lieutenant Valabrègue, tombés au Dahomey; en faveur du capitaine Oppenheim, mort des suites de ses blessures au Tonkin; en faveur de tous nos officiers et de tous nos soldats, dont la disparition est un deuil pour nous et un sujet de profonde affliction pour leur famille.

Lorsque la patrie a eu besoin de leurs bras pour défendre ses droits et l'honneur de son nom, ils ont répondu à son appel; ils ont fait vaillamment leur devoir; ils ont contribué, par leur vie et par leur mort, au succès de nos armes et à la gloire de notre drapeau.

Ah! Seigneur, tu ne laisses aucune bonne action sans récompense; car tu es la justice et la bonté. Tu répandras donc tes grâces infinies sur ceux qui ont accepté avec courage, avec joie, le plus grand des sacrifices pour faire triompher une noble cause. Tu leur accorderas, dans le séjour de tes élus, les félicités de la vie éternelle.

Puisse leur nom rester toujours parmi nous une leçon de devoir et de dévouement! Puissent tous les cœurs français éprouver un sentiment de patriotique émulation au souvenir de ces héros illustres ou obscurs qui ont porté si haut la religion du drapeau, et apprendre d'eux comment il faut aimer son pays et, au besoin, mourir pour lui!

Prends en pitié, ô mon Dieu, les âmes voilées de deuil, pleurant des êtres chéris qui ont été ravis trop tôt à leur amour. Console-les toi-même, et relève leur courage par la pensée réconfortante que si la vie d'ici-bas, même celle qui est pleine de jours, « s'écoule comme les eaux d'un torrent rapide », elle ne contient pas tout le secret de notre destinée, et qu'elle est suivie pour le serviteur fidèle du devoir de joies plus pures et plus durables que celles de l'existence terrestre.

Les hommes, dans un louable sentiment d'équité, ont attaché leurs plus belles récompenses à ce don de la vie qui a la patrie pour objet: ils honorent par-dessus tout la mémoire du soldat tombé devant l'ennemi; ils inscrivent son nom sur la pierre ou le marbre, et rappellent avec respect son souvenir. Mais toi seul, ô Seigneur, tu peux donner la vraie immortalité, l'immortalité dans la paix, dans la gloire, dans la possession de la vérité, l'immortalité bienheureuse à laquelle nous croyons de toute la puissance de nos instincts et de notre raison, sans pouvoir la définir ni même la comprendre. C'est cette immortalité que nous sollicitons en ce jour, d'un cœur ému, pour nos chers morts. Que leur âme repose en paix! *Amen!*

ALLOCUTION

PRONONCÉE

à l'occasion du départ des Séminaristes israélites
pour l'armée.

MES FRÈRES,

C'est la première fois que des élèves de notre Séminaire sont appelés sous les drapeaux en vertu de la nouvelle loi militaire. Nous avons pensé, mes collègues du rabbinat et moi, ainsi que le dévoué directeur de notre école théologique, que ce fait intéressant ne devait pas rester complètement inaperçu, et qu'il nous appartenait d'adresser à nos futurs rabbins, au moment où ils partent pour l'armée, une parole d'encouragement et une parole de bénédiction.

Sans doute, depuis vingt ans que fonctionne le service obligatoire, des milliers de jeunes Israélites ont quitté leurs foyers pour payer leur dette à la patrie. Nos souhaits n'ont jamais manqué de les accompagner au régiment. Mais aujourd'hui nous sommes en présence de quelque chose de tout nouveau : ces trois jeunes conscrits, qui répondent à l'appel de la loi, sont destinés à partager prochainement avec nous le fardeau du ministère sacré, ils auront à diriger les destinées religieuses de quelques-unes de nos communautés, à porter aux fidèles la parole de vérité, les enseignements de la foi et de la morale. N'est-il pas juste de leur témoigner notre sympathie et de leur assurer, au nom du judaïsme si largement représenté ici, que cette sympathie les suivra partout où ils iront?

Il se peut, mes frères, qu'on nous attribue le désir de faire une manifestation publique pour répondre aux attaques dont nous avons été l'objet précisément à propos de la loi militaire. On n'aura pas tout à fait tort. Vous savez avec quelle bonne foi certains publicistes ont prétendu que le judaïsme français s'ingéniait à tourner cette loi et à soustraire ses futurs pasteurs à un devoir qui s'impose à toute la jeunesse française: propos insensés qui ne mériteraient pas l'honneur d'être relevés, s'il n'était pas vrai que les calomnies les plus grossières, les plus incroyables finissent par faire leur chemin et trouvent accueil auprès des âmes simples et ignorantes! Il ne nous déplaît pas de protester solennellement, puisque l'occasion s'en présente, contre des procédés de polémique qui sont un défi à la vérité et à la justice, un outrage à la patrie, un déshonneur pour la cause que l'on se targue de servir, pour la religion dont on se réclame et qui, loin de se faire complice de passions haineuses, ne veut et ne peut prêcher aux hommes que l'union, la tolérance et la charité.

Il y a cent ans, mes frères, que la jeunesse israélite a été admise par la Révolution à l'honneur de revêtir l'uniforme de l'armée française. Nous avons appris de la bouche de vieillards qui ont conservé, par tradition, le souvenir de cette grande époque quelle émotion, quelle effervescence régnèrent alors dans nos familles. On était fier de pouvoir se donner au service de la patrie sous sa forme la plus précise et la plus noble; on se sentait relevé par là d'une antique déchéance. Mais en même temps un problème redoutable se posait devant les esprits. Comment concilier les exigences du service militaire, si exclusif, si impérieux, avec les multiples prescriptions de la religion ? Comment accomplir les devoirs du soldat sans négliger ces pratiques pieuses auxquelles on était attaché par les liens les plus puissants, qui avaient coûté assez de sacrifices dans le passé pour avoir droit à tous les respects ? Conflit douloureux, mes frères, entre des devoirs également chers et sacrés, débat tragique qui était bien fait pour troubler les consciences et déchirer les âmes !

Nous devons au grand Sanhédrin, qui apparaît presque à l'aurore de notre histoire moderne, une reconnaissance éternelle pour avoir fait taire ces scrupules et résolu cette contradiction. Avec une remarquable fermeté d'esprit et une grande intelligence des besoins nouveaux, il déclara, entre autres décisions doctrinales qui sont devenues la 'règle souveraine de notre conduite, que « tout prescrit a l'Israélite français l'attachement et la fidélité à sa patrie ; que tout l'oblige à ne point isoler son intérêt de l'intérêt public, ni sa destinée non plus que celle de sa famille de la grande famille de l'État ; qu'il doit s'affliger de ses

revers, s'applaudir de ses triomphes et con-
courir, par toutes ses facultés, au bonheur de
ses concitoyens ». Comme conséquence im-
médiate de ce principe, le Sanhédrin proclama
que « tout Israélite appelé au service militaire
est dispensé par la loi, pendant la durée de
ce service, de toutes les observances religieuses
qui ne peuvent se concilier avec lui ». Ce langage était aussi net et décisif que possible.
Dès lors nous pouvions remplir le premier des
devoirs civiques sans regrets et sans déchire-
ment de conscience.

Assurément, pour nos futurs rabbins, le sacrifice est considérable. Non seulement ils
sont obligés de s'arracher, comme tant de camarades de leur âge, à des travaux qui leur
sont chers, à un milieu paisible et studieux où
ils se préparent, sous la direction de maîtres
vénérés, à une sainte mission, mais encore
ils se trouveront plus d'une fois dans la né-
cessité de transgresser des observances religieuses qu'ils ont scrupuleusement respectées
jusqu'ici, et dont la garde sera un jour confiée
à leur vigilance. Cependant ce sacrifice, ils
l'acceptent avec résignation, avec bonheur.

même ; car c'est la loi du pays, c'est la patrie qui le commande.

Ce sacrifice n'est pas le premier que nos jeunes élèves auront fait à l'amour de la France. La plupart d'entre eux nous sont arrivés de ces provinces de l'Est, restées françaises malgré tout, et où tant de cœurs battent en secret pour la France. Poussés par une sincère vocation, ayant l'ambition de devenir plus tard des pasteurs d'Israël, ils auraient pu faire leurs études dans un séminaire en Allemagne, et aspirer à l'honneur de se voir placés à la tête d'une communauté sur le sol natal. Mais non : dès leur enfance, ils ont entendu faire l'éloge de la France dans les conversations intimes du foyer paternel, ils ont appris à l'aimer de loin comme la patrie des nobles idées, où toute honnête activité peut s'exercer librement sous la protection de lois équitables, et ils n'ont pas hésité à s'éloigner de leur famille pour avoir le droit de servir la France. Ils se sont résignés à ne revoir leurs parents qu'à de longs intervalles, avec de grandes difficultés et comme à la dérobée. Leurs parents ont accepté de leur côté les tristesses d'une séparation indéfinie, heureux de donner ce qu'ils ont de plus cher au pays qui fut le leur et vers lequel se reportent sans cesse leur pensée et leurs regards. Le véritable amour est coutumier de ces immolations volontaires.

Mais je m'empresse d'ajouter, fidèle interprète en cela de nos jeunes soldats, que si c'est un sacrifice pour eux d'échanger les études de leur séminaire contre les exercices de la caserne et la sévère discipline du régime militaire, ce sacrifice n'est pas sans compensation. L'armée est pour tout le monde une admirable école de droiture, de loyauté, de dévouement et d'abnégation : elle trempe le caractère, elle fortifie la volonté, et surtout elle imprime dans l'âme du jeune homme la sainte notion du devoir et développe ce sentiment de dignité et de fierté qui est une protection contre les défaillances morales.

Vous avez peut-être vu passer sous vos yeux, mes frères, quelqu'un de ces dessins populaires où des artistes israélites ont représenté jadis, d'un crayon inspiré, le jeune soldat de leur culte venant visiter le foyer paternel. Ses frères et ses sœurs se pressent autour de lui avec une naïve admiration; son père et sa mère le contemplent d'un regard ravi et ému, tandis que sa figure, à lui, respire un air de mâle satisfaction. Maintenant, il se considère véritablement comme un homme nouveau : s'il jouit des avantages de la liberté, il a la conscience d'en remplir aussi les charges. Il porte sur sa personne comme le signe du relèvement moral de sa race qui, si longtemps et si injustement tenue à l'écart de la société, partage désormais ses plus graves intérêts et contribue à la défense du patrimoine de tous. Il y a beau temps, mes frères, que ce spectacle n'est plus un sujet d'étonnement dans nos demeures, et qu'il a cessé d'y provoquer les émotions d'autrefois, comme tout ce que l'accoutumance rend familier. Mais il me semble que cette ancienne impression va se réveiller avec force pour vous, mes jeunes amis, qui inaugurez une nouvelle phase de notre histoire, en participant pour la première fois aux fatigues comme à la noblesse de la vie militaire. Si l'année qui s'ouvre pour vous est une année perdue pour les études, c'est une année gagnée pour l'éducation du caractère et l'apprentissage des plus. hautes vertus de l'homme.

Ce n'est pas tout. Dans vos futures prédications, vous devrez accorder une des premières places à l'amour de la patrie et à ce qu'on appelle le culte du drapeau. Or, ce culte, on le ressent plus vivement, on en parle avec plus de chaleur et de conviction, lorsqu'on a vécu quelque temps à l'ombre de ses plis adorés, lorsqu'on sait par expérience tout ce qui s'attache à ce symbole sacré de la patrie, de souvenirs, d'espérances, de joies triomphantes et de douleurs non moins glorieuses. Ah! je vous en prie, ne vous laissez jamais égarer par des apparences menteuses. Peut-être surprendrez-vous parfois des faits et des propos dont vous n'avez pas l'expérience, et qui risqueront de choquer votre goût et de froisser. la délicatesse de vos sentiments : ne soyez pas trop prompts à juger et à condamner. C'est une vraie tristesse d'entendre des jeunes gens, qui ont passé quelques mois à peine dans les rangs de l'armée, la traiter avec dédain et irrévérence. On peut dire qu'ils ne l'ont pas comprise, qu'ils ne l'ont vue qu'à la surface. Car c'est là, plus que partout ailleurs, que bat le cœur de la France; c'est là que s'élaborent, comme dans un puissant creuset, les sentiments qui sont l'âme d'une nation; c'est là qu'une jeunesse vive et gaie, attachée à l'existence, la voyant sous des couleurs séduisantes, apprend le mépris de la mort; c'est là que se forment ces braves gens qui vont mourir au besoin sur les plages lointaines pour défendre l'honneur de la France et sauvegarder ses intérêts.

Maintenant, est-il nécessaire que nous vous adressions des conseils? Nous n'avons aucune inquiétude à votre égard. Vous serez certainement, pendant votre séjour au régiment, parmi les plus respectueux de la règle, les plus soumis à la discipline, les plus déférents envers vos chefs et les plus serviables envers vos camarades. Vous vous appliquez depuis longtemps à acquérir ces qualités, qui conviennent aussi bien à l'élève sur les bancs de l'école qu'au soldat sous les armes. Il nous revient de toutes parts que les jeunes gens qui se destinent au ministère sacré dans les autres cultes, et qui vous ont précédés dans la car-

rière, ont, leur tâche patriotique une fois ac-
complie, repris le cours de leurs études, sans
avoir rien perdu de leur foi, de l'ardeur de
leur vocation, de leur respect d'eux-mêmes,
du sentiment de leurs graves devoirs. Futurs
pasteurs d'Israël, vous vous inspirerez de
ces exemples, que je n'hésite pas à proposer
à votre imitation.

Je ne vous ferai qu'une recommandation,
une seule. N'oubliez jamais ce que vous êtes
et ce que vous représentez : vous appartenez
au judaïsme et vous voulez devenir les guides
religieux de vos frères. Ne craignez donc pas
de confesser ouvertement votre foi. Qu'aucune fausse honte ne vous détourne de remplir, autant qu'il dépendra de vous, les devoirs
de l'Israélite ! Un de nos journaux vient de
réimprimer, avec un heureux à-propos, les
paroles que, dans une circonstance analogue,
l'illustre rabbin Ézéchiel Landau, une des lu-
mières du rabbinat moderne, adressa aux
jeunes conscrits de sa communauté le jour où,
pour la première fois, ils eurent à endosser
l'uniforme. Ces paroles, je n'ai pu les lire
sans émotion; elles s'appliquent trait pour

trait à votre propre situation. Comme le pieux rabbin, je pourrais vous dire : Attachez-vous avant tout à vous acquitter consciencieusement de vos obligations militaires; mais pensez aussi à ce que vous devez à votre Dieu et à votre culte. Commencez et finissez la journée par une prière; récitez régulièrement le Schema. Emportez dans votre modeste attirail de soldat les Tephillin, qui sont pour Israël ce qu'est le drapeau pour l'armée, non une arme de combat, non un engin meurtrier, mais le symbole pacifique de notre croyance, l'ornement sacré qui, tous les matins, pendant que notre pensée s'élève vers Dieu, pare notre front et notre bras, pour dominer notre existence, pour proclamer nos devoirs et faire entendre au monde, qui s'éloigne de Dieu, que Dieu est la source de la vie, le foyer de notre esprit, le principe de l'amour, du sacrifice et du dévouement. Grâce aux Tephillin, Israël apparaît aux regards comme l'armée du Seigneur. Tant qu'il portera fidèlement ces armes vénérées et vraiment parlantes, aucune force ennemie ne prévaudra contre lui; ni sa morale, ni son patriotisme, ni son courage en face du danger ne seront mis en défaut. Et s'il est vrai que ce pieux talisman accompagne souvent de jeunes Israélites qui n'ont pour se guider que l'éducation de la maison paternelle et les bonnes habitudes de leur enfance, à combien plus forte raison cela doit-il être le cas pour vous, qui êtes initiés à tous les secrets de notre histoire, qui n'ignorez rien de nos traditions, et qui deviendrez des ministres de Dieu, ayant pour devoir de marcher à l'avant-garde de leurs frères!

Allez donc, mes jeunes amis, forts de ces nobles résolutions, là où le devoir vous appelle. Nous avons la ferme espérance que cette année sera féconde pour vous, que vous nous reviendrez mieux affermis dans votre vocation, plus ardents au travail, plus épris de la science, plus attachés aussi à votre œuvre, plus patients à la fatigue et plus riches d'expérience. Partez avec confiance, et comptez sur l'appui de Dieu. Lorsque Moïse se sépara de son cher et fidèle disciple, après l'avoir chargé d'une délicate mission qui devait mettre à l'épreuve la droiture et la fermeté de son caractère, il se borna, en guise de bénédiction,

à modifier légèrement son nom ; il l'appela
יהושע : « que Dieu soit à ton secours ! » C'est
cette bénédiction que je vous adresse du fond
de mon cœur : Que Dieu soit à votre secours !
qu'il vous accorde sa protection, qui est le
gage de tout succès ! qu'il veille sur vous, sur
tous vos jeunes camarades sortis de nos rangs,
sur notre chère armée et sur notre glorieuse
patrie ! *Amen !*

Paris. — Lib.-Imp. réunies, 7, rue Saint-Benoît.